AF278675

– 25 Mars 1875 –

LETTRE

A MESSIEURS LES REPRÉSENTANTS

SUR

TROIS RÉFORMES

A faire à la Loi Électorale

PAR M. G*****.

AMIENS.

LIBRAIRIE VEUVE ALFRED CARON,

RUE DES TROIS-CAILLOUX, 58.

1875.

Amiens, le

MESSIEURS,

J'ai l'honneur de vous proposer les trois réformes suivantes à comprendre dans la loi électorale que vous êtes appelés à voter.

Le vote par scrutin de liste.

Ce vote, employé pour l'élection des députés, qu'est-il? sinon le vote à deux degrés, mais renversé, irrationnel. Un comité, sans autre droit que l'arbitraire ou l'intrigue, se forme pour chaque parti, nomme huit à dix représentants et en impose la liste aux électeurs dont les neuf dixièmes n'en connaissent souvent aucun. Autant pour eux déposer dans l'urne un simple papier blanc, bleu ou rouge, et laisser au chef du parti vainqueur le choix de ses hommes. Cette outrageante tutelle pour les électeurs, qu'elle entache d'ignorance et d'imbécillité, est-elle donc le suffrage universel? Elle n'en est pas même la fiction; elle en est la négation absolue. Laissons ce mensonge et hâtons-nous de rétablir l'élection par arrondissement. Avec elle l'électeur possède l'indépendance et la liberté d'appréciation. Il connaît son candidat, pèse son mérite et le juge oui ou non, digne de le représenter ; ainsi, il remplit avec honneur et dignité, ses devoirs de citoyen, avec elle enfin le résultat de l'élection est indiscutable. Mais, dira-t-on, les électeurs seront soumis à des influences de localités. Où est le mal? Ils pourront être plus facilement corrompus... La loi ne veille-t-elle pas ? Faut-il, sous des prétextes plus ou moins spécieux, annihiler le suffrage universel ? Le simple bon sens répond non.

Le vote au lieu de naissance.

Comme tout électeur veut, par son vote, représenter fidèlement et faire valoir son opinion, chaque circonscription électorale doit vouloir représenter et faire valoir, par la majorité de ses votes, ses intérêts, son caractère particulier, ses tendances politiques ou sociales, Intérêts, caractères et tendances qui diffèrent d'une contrée à une autre et ne sont plus les mêmes à la ville qu'à la campagne, au Nord qu'au Midi, sur nos côtes que dans l'intérieur. Ce n'est qu'à ces conditions qu'une élection peut être sincère et donnera toute la vérité.

Il n'en est malheureusement pas ainsi dans presque toutes nos villes. Prenons Amiens pour exemple, ou plutôt Paris, l'exemple n'en sera que plus frappant.

De quoi se compose en partie ses habitants ? D'étrangers venus de ses environs et de la province, ouvriers, artisans, commerçants, artistes, écrivains, orateurs, qui attirés par l'appât, soit du salaire et de la fortune, soit de la renommée ou de la gloire, sont venus, pleins d'espérances, habiter la grande ville. Ils y forment une population monade, sans feu ni lieu, vivant tantôt ici tantôt là, au jour le jour, dans des logements précaires. S'ils réussissent, ils retournent souvent aux foyers paternels ; sinon, ils restent et composent un noyau d'envieux, de déclassés, de désespérés prêts en toute occasion à se jeter comme des bêtes féroces sur une société qu'ils accusent de leurs maux, et qu'ils veulent détruire par l'avènement du socialisme, attrayante utopie au miroitement de laquelle se sont déjà laissés prendre la plupart des ouvriers laborieux. Vienne une élection, cette multitude, composée de nos déclassés et de la nombreuse phalange ouvrière bien organisée et votant comme un seul homme, fera pencher la balance du côté ou elle se portera. L'élection représentera-t-elle la ville de Paris ? Pas le moins du monde, son vote aura été dénaturé, noyé sous le flot des votes étrangers, elle ne représentera réellement que les plus mauvaises passions d'abord, et puis les diverses provinces d'où sont venus ces électeurs d'occasion.

Nous demanderons : que devient la sincérité de l'élection ? Il en est cependant ainsi plus ou moins dans toutes nos villes grandes et petites.

Il n'est qu'un moyen pour que la volonté et les vœux de chaque circonscription soient bien et réellement représentée, c'est de voir la loi fixer le lieu du vote pour l'électeur au lieu de sa naissance, de ses premiers pénates, là où il a laissé sa famille et souvent des intérêts, là où sa pensée se reporte constamment. Point de difficultés au sujet de l'application de cette mesure. Deux dimanches seraient fixés pour l'élection.

Au premier, l'électeur loin de ses anciens foyers voterait à la mairie, son bulletin serait mis sous ses yeux dans un pli que l'on cachèterait et que l'on enverrait, avec le nom sur le pli, au maire de sa commune. Le dimanche suivant, fixé pour l'élection générale, ce pli serait ouvert et le bulletin déposé dans l'urne avec le secret commandé par la loi. Rien de plus simple que ces formalités, que l'obligation de former le bureau le premier des deux dimanches et pour les communes celle d'avoir un registre où serait inscrit le domicile de l'électeur absent afin que tout candidat pût lui envoyer ses circulaires.

Il est plusieurs cas exceptionnels où l'électeur étranger pourrait voter où il demeurerait, s'il ne préférait le lieu de sa naissance, ainsi :

Le prêtre et le fonctionnaire qui n'ont pas le choix du domicile.

Celui qui a pris femme dans la commune et de la commune.

Celui qui a acquis un immeuble.

Celui enfin qui y habiterait depuis vingt et un ans.

Resterait à fixer le lieu du vote pour le Français né à l'étranger ou accidentellement dans un endroit quelconque, comme à régler les élections de l'Algérie et des Colonies.

Quels seraient maintenant les résultats du vote au lieu de naissances? Nous les voyons bien nombreux et ne citerons que les principaux.

Le premier serait de rendre à la commune, soit urbaine soit rurale, sa liberté d'action et son indépendance ; ses magistrats sont bien ses élus, ses affaires se font sans aucune immixtion étrangère, elle use en toute liberté du droit de réunion ou d'association qui lui est exclusif, enfin elle s'appartient en propre. C'est le droit de cité rétabli, droit qu'elle pourra conférer comme un titre d'honneur à qui elle en jugera digne. Ajoutons que ce droit de cité est le premier principe de la décentralisation dont le problème se trouve presque résolu.

Le second serait de rendre toute son intégrité au suffrage universel dont quatre à cinq cent mille citoyens sont exclus sous le prétexte qu'ils sont sous les drapeaux. Nos soldats votants ne forment plus un corps délibérant sous les armes, le vote au lieu de naissance les fait rentrer en possession du plus précieux des droits.

Le troisième et dernier est de restituer au suffrage universel sa dignité et son indépendance ; plus de despotisme sur l'électeur de la part des chefs de parti. La vérité préside seule à des élections qui donnent la volonté du pays.

Du Suffrage universel modifié

Pour traiter cette troisième réforme recommandons-nous d'abord de l'autorité des anciens. On lit dans Salluste (*conjuration de Catilina*).

« Dans toute société, la classe pauvre, animée contre les honnêtes gens d'une haine jalouse, préconise les méchants ; ennemie des vieilles institutions, elle en veut de nouvelles ; mécontente de son sort, elle ne rêve que bouleversement ; peu importent les secousses révolutionnaires à celui que l'indigence met complètement hors d'atteinte. »

C'est sans doute sous l'inspiration des mêmes idées que furent faites dans la république romaine les lois touchant le suffrage universel. Citons ce qu'en dit Montesquieu dans son ouvrage sur les causes de la grandeur des Romains et de leur décadence.

« Servius Tullius avait fait la fameuse division par centuries, que Tite-Live et Denis d'Halicarnasse nous ont si bien expliquée. Il avait distribué cent quatre vingt treize centuries en six classes et mis tous le bas peuple dans la dernière centurie qui formait seule la sixième classe. On voit que cette disposition excluait le bas peuple du suffrage, non pas de droit mais de fait. Dans la suite, on régla que, excepté dans quelques cas parti culiers, on suivrait dans le suffrage la division par tribus. Il y en avait trente-cinq qui donnait chacune leurs voix, quatre de la ville et trente-une de la campagne. Les principaux citoyens, tous laboureurs, entrèrent naturellement dans les tribus de la campagne, et celles de la ville reçurent le bas peuple qui, y étant enfermé, influait très peu dans les affaires, et cela était regardé comme le salut de la République. Et quand Fabius remit dans les quatre tribus de la ville le menu peuple qu'Appius Claudius avait répandu dans toutes, il en acquit le surnom de Très Grand. Les censeurs jetaient les yeux tous les cinq ans sur la situation actuelle de la République et distribuaient le peuple dans ses diverses tribus de manière que les tribuns et les ambitieux ne pussent se rendre maîtres des suffrages et que le peuple même ne pût pas abuser de son pouvoir. »

Ainsi, dans la république romaine, le suffrage était universel. Seulement, les voix du menu peuple ne comptaient, sous la loi sur les centuries par six classes, que pour un cent quatre vingt treizième si nous prenons les centuries et, pour un sixième, si nous considérons les classes, et, sous la loi par tribus, que pour quatre trente cinquièmes. Et, cependant, c'est dans ce bas peuple que se trouvaient les plus héroïques soldats que le monde ait produits. La ville seule de Rome, sans les campagnes, pouvait déjà, quelque temps après l'expulsion de ses rois, en armer plus de cent mille pour ses guerres.

Comme cette organisation du suffrage universel fut le salut de la République, il faut admettre qu'elle fut cause que Rome devint la maîtresse de l'Univers. Ses législateurs furent donc aussi grands que l'avenir qu'il préparaient à leur patrie.

L'histoire ancienne est l'expérience des temps modernes. La France peut et doit en profiter si elle ne l'a pas fait jusqu'à ce jour. Examinons d'abord où elle en est sous le rapport social et sous le rapport politique.

Sous le premier rapport, nous dirons que notre société ne diffère aucunement des sociétés anciennes et modernes qui, sous de mêmes lois infranchissables, roulent ainsi depuis quatre mille ans. Elle a les mêmes principes : la famille, la propriété, la religion, et se compose de trois classes. La première comprend les ouvriers, les artisans ; la seconde, dite moyenne, l'industrie, le commerce, l'agriculture, la petite bourgeoisie ; la troisième le haut négoce, la fortune, la naissance et tout ce qu'il y a de plus élevé, comme savoir, dans le domaine de l'intelligence. C'est de ce domaine seul que sortent les grands caractères, les grands politiques, nos grands hommes enfin.

La première de ces classes est beaucoup plus nombreuse que les deux autres réunies,et la dernière est la plus faible des trois. On peut, en admettant neuf millions d'électeurs, faire la part de chacune ; six millions formeront la première classe, deux millions la seconde, un million la troisième.

Sous le rapport politique. Depuis 89 où Louis XVI, laissa échapper de ses faibles mains le principe d'hérédité légitime qui, pendant quatorze cents ans, fit la France si forte, si admirable et si prépondérante, notre patrie est entrée dans le tourbillon révolutionnaire. En trois quarts de siècle elle a vu dix gouvernements différents ; le dernier est d'hier et vient d'être voté à une voix de majorité. « Les changements laissent toujours un engrainage pour en faire de nouveaux. » (*Machiavel*).« Les révolutions mêmes font les révolutions et l'effet devient lui-même la cause » (*Montesquieu*). Nous ajouterons que cet état de tourmente amène presque toujours des catastrophes inouies telles que nos trois invasions dont la dernière a vu des défaillances et des désastres militaires sans exemple dans l'histoire.

A l'extérieur, la France a perdu toute influence et est offerte aux peuples par leurs gouvernements comme le plus triste exemple des écarts révolutionnaires ; à l'intérieur, il n'y a plus que trouble et division. Cinq à six partis se disputent le pouvoir et jettent par leur active propagande la confusion dans les esprits. Dans ces vaines disputes, dans cette anarchie d'idées, les grands intérêts du pays sont oubliés, tout patriotisme s'éteint et meurt. L'ennemi arriverait à nos portes qu'il nous trouverait discutant comme les Grecs lors de la prise de Constantinople. C'est à craindre l'anathême de N. S. Jésus-Christ : Tout royaume divisé périra.

Cette digression faite, revenons au suffrage

Depuis 89 jusqu'à 1814-1815, nous ne voyons que terreur et despotisme, Louis XVIII, par sa charte, nous donne les premières libertés réelles et pratiques. Le suffrage était restreint ; il fallait un cens plus ou moins élevé selon qu'il s'agissait des grands ou petits colléges. Plût à Dieu qu'il l'eût fait universel en s'inspirant des législateurs romains. Louis-Philippe en 1830 abaissa le cens et supprima les grands colléges. En 1848, la République rendit le vote presque général. Napoléon III en 1852 le fit universel, mais il sut l'enchaîner et le tourner à son profit. Depuis sa chute le suffrage universel est libre comme l'air et commence à faire sentir ses inquiétantes conséquences.

Ce suffrage est le droit pour le peuple entier de nommer les conseillers municipaux, les conseillers d'arrondissement et de département et les députés. Ces derniers font les lois et dirigent la politique intérieure et extérieure. Ce droit est donc le pouvoir souverain. Eh bien ! ce pouvoir, grâce à l'égalité individuelle dans le suffrage, peut descendre des hauteurs de la société dans les masses ignorantes, dans cette classe aux six millions d'électeurs dont j'ai parlé plus haut. Si cela arrivait comme on le redoute, le mot de l'ancien ministre de Louis-Philippe en 1848 serait pleinement justifié : la société marcherait la tête en bas, les pieds en l'air.

On reste effrayé lorsque l'on pense que cette classe, dont il est si facile d'exciter les passions par de folles espérances, pourra par la seule force du nombre tout dominer, hommes et choses, s'emparer par ses délégués du gouvernement, faire les lois, briser à son gré les principes sociaux, famille, propriété, religion ; que son action sera d'autant plus irrésistible, qu'elle se fera légalement sous les auspices du pouvoir qui peut tout pour l'ordre et rien pour la société. Ces craintes redoublent lorsque ces dangers apparaissent imminents, lorsque par exemple cette classe s'est séparée politiquement des deux autres, et a déjà fait acte de puissance. C'est ce qui vient d'avoir lieu aux élections municipales dernières.

Rien n'était plus dans le sens commun que de voir le suffrage confier nos magistratures municipales aux hommes les plus distingués de la cité par le caractère, le savoir et la fortune, et il n'y avait pas de raison pour qu'il n'en fût pas toujours ainsi. Il est arrivé que cette classe, faisant preuve de son esprit d'exclusion, maîtresse du scrutin par ses multiples voix, s'est emparée, aux élections qui viennent d'avoir lieu, des siéges municipaux dans toutes nos villes grandes et petites, et même dans nos bourgades. S'en tiendra-t-elle là ? Non certes ! Du haut de nos cités qu'elle domine aujourd'hui, et forte de l'autorité du succès et de l'exemple, elle va répandre ses doctrines dans les campagnes et cherchera à rallier sous son drapeau les ouvriers et les artisans des communes rurales. Rien ne la distraira de ce but où vont tendre tous ses efforts. Que lui importent en effet et les stériles débats de nos représentants, et la fragile harrière d'un Sénat, et les mesures prises en faveur de l'ordre qu'elle n'a pas à troubler, et les querelles des autres partis, et toutes ces agitations dans le vide ? Elle est certaine de triompher un jour et cela sans émeute, sans révolution, sans une goutte de sang répandue, dût-elle attendre plusieurs législatures. Ce jour arrivera infailliblement et n'est peut-être pas loin où, maîtresse du gouvernement par sa majorité dans la Chambre, elle renversera la société actuelle et imposera à la France le régime de ses nouvelles théories sociales. C'est vraiment alors que l'on pourra dire avec Montesquieu « Il n'y a pas de plus cruelle tyrannie que celle que l'on exerce à l'ombre des lois et avec les couleurs de la justice, lorsqu'on va, pour ainsi dire, noyer des malheureux sur la planche sur laquelle ils devaient trouver leur salut. » En effet tout pourra s'abîmer, famille, propriété, religion.

Caveant consules est le cri qui s'échappe de tous les cœurs honnêtes, et ce cri s'adresse à vous, Messieurs les Députés.

« Si, dit Machiavel, l'on connaît les maux qui se forment (ce qui n'est permis qu'à l'homme prudent), on les guérit bientôt, mais, si faute de les avoir connus, on les laisse accroître à un point que chacun les connaisse, il n'y a plus de remède » et plus loin : « le prince qui ne connaît les maux que lorsqu'ils sont arrivés, n'est pas vraiment sage ». Et autre part : « lorsqu'il s'agit de délibérer sur le salut de la patrie le citoyen ne doit être arrêté par aucune considération. »

Les maux qui se forment, c'est la ruine de la société; Puisque vous les connaissez vous pouvez les guérir, vous n'avez qu'à faire disparaître la cause qui les produit : l'égalité dans le vote.

Aucune considération ne doit vous arrêter, ni l'esprit de parti, ni la crainte de l'impopularité, ni prétextes tirés des circonstances, ni les clameurs, les cris, les menaces de l'opinion. Vous ne devez voir que le salut de la patrie.

Sinon, si, connaissant les maux, vous les laissez s'accroître, il n'y aura plus de remède, et vous aurez seuls la responsabilité de la ruine de la société, responsabilité cent fois plus terrible que celle d'un général en chef, par exemple, celle de Bazaine qui n'a pas volé son arrêt de mort.

Remettre à plus tard le remède à ces maux, et se décharger de ce soin sur une autre et prochaine législature, serait plus que de la faiblesse, mais, en tous cas, une faute sans excuse et sans pardon, car qui vous répondra que l'état de siége étant levé et la presse libre (comme on se le propose), les élections pour le Sénat et la nouvelle Chambre, faites sous le coup d'une propagande sans frein, ne donneraient pas les mêmes résultats que les élections municipales. Agir ainsi, ce serait doubler les périls de la société, en désespérer presque et jeter le manche après la cognée. Votre suprême devoir est donc de réclamer, aussitôt votre rentrée, la mise en discussion de la loi électorale, et de la réformer puisque, étant devenue dangereuse et menaçante, elle est nécessairement défectueuse.

Nous avons dit que la cause des maux était l'égalité individuelle dans le suffrage. C'est une vérité qui n'admet plus le moindre doute ; l'expérience en est là que nous touchons du doigt, Son moindre défaut est de choquer le bon sens. On admet difficilement que le bouvier et le châtelain, que la brute ignorante et le philosophe ou le savant, que l'ouvrier et le patron, aient la même valeur politique, et que leurs votes soient égaux, mais son plus grand tort est de constituer au profit d'une seule des classes sociales le plus odieux et le plus despotique des privilèges, celui du nombre ou de la force brutale. Écartons donc l'égalité individuelle dans le suffrage comme un faux principe de la liberté qu'elle veut dominer et asservir, mais ne tombons pas dans la même erreur en donnant à une autre classe l'autorité prépondérante que ses lumières et sa considération semblent réclamer. Loin de là, la réforme que nous proposons consiste à rendre les trois classes de la société égales entr'elles. Nous avons précédemment donné la composition de ces classes en supposant neuf millions d'électeurs pour toute la France. Cette composition que vous pourriez modifier admet six millions d'électeurs pour la première classe, deux millions pour la seconde et un million pour la troisième. Il est dès lors facile d'arriver à l'égalité de chaque classe dans le suffrage qui reste universel. Le vote de l'électeur de la première classe vaudrait une voix, soit au total six millions de voix ; le vote de l'électeur de la seconde classe vaudrait trois voix, soit ensemble le même chiffre de six millions de voix ; le vote de l'électeur de la troisième classe vaudrait six voix, soit également six millions de voix. Les forces, l'action et les droits d'une classe seraient les mêmes que ceux de chacune des deux autres, l'équilibre serait complet sans plus de danger de le voir se rompre au profit de l'ambition de l'une d'entr'elles.

La distinction des classes serait fixée par l'impôt.

Rien ne serait changé dans la manière de voter ; le registre électoral de chaque commune contiendrait les trois catégories d'électeurs et, lors du vote, serait frappé sur chaque bulletin le chiffre de la valeur que l'on constaterait au dépouillement. Telle est notre troisième réforme qui contient, non des moyens accidentels de défense, mais les principes mêmes d'existence pour toute société.

CONCLUSION.

Ces trois réformes sont dans la vérité politique hors de laquelle il n'y a qu'erreurs et catastrophes. A vous, Messieurs les Députés, de les faire triompher prochainement, et alors apparaîtra la volonté de la France, la véritable puisqu'elle sera née du concours égal des trois classes sociales et non plus de la prépondérance par le nombre d'une seule d'entr'elles. Cette volonté, forte de son origine, dominera les parties qui nous divisent et les réduira à l'impuissance si elle ne les éteint pas. Soyez convaincus que, par le seul fait de sa réalité, elle relèvera la France aux yeux de l'étranger et lui préparera un avenir aussi glorieux et aussi prospère que par le passé. Devant de telles conséquences pourriez-vous hésiter ? Manlius ne craignit pas de replacer dans les quatre tribus de Rome le menu peuple qu'Appius Claudius avait répandu dans les trente-cinq. N'auriez-vous pas, vous l'élite de la nation, vous si nombreux à la Chambre, n'auriez-vous pas, tous ensemble, le courage d'un seul législateur romain ? On lui attribua le surnom de Très-Grand. Ce titre, la France et le monde entier sont tous prêts à vous le décerner.

G*****.

Amiens. — Imp. H. YVERT, rue des Trois-Cailloux, 64.